ねこ
パリジェンヌに学ぶ
リラックスシックな
生き方

米澤よう子

はじめに

「ねことパリジェンヌ」
どんなイメージを抱きますか？

ねこは気まぐれ。愛想がない。
パリジェンヌは気高い。愛想がない。
――なのに、「魔性」で人々を惹き付ける。
ひとりで気持ち良さそう。時々ご機嫌ななめ。
――なのに、周囲から浮かずに、街や自然にもなじんでいる。

私にはそんなぼんやりとしたイメージがまずあって、
実際にねこと暮らし、パリで暮らして、
両者の類似性に気付きました。

そして実像を知れば知るほど、
「なのに」じゃなくて「だから」そうなんだと理解が深まったり、

あるいは不思議だったことが、生活観や心の内を知って
共感へ変わったり。その発見を本書にまとめました。

(ねこの心の内は知る由もありませんが、
生物的本能について、改めて思いを巡らせてみました)

どうしたらあんな風に自由にのびのび生きられるのか?
外見から本能的な部分まで、自分のどこからどこまでを
人にさらけ出して良いのか?

キーワードは「リラックスした内面、シックな外見」。
心に寛ぎを生み、魅力ある人になる秘訣を
ねことパリジェンヌから学んじゃいましょう。

これは魔性のはじまり……。
いえ、「魔法」のはじまりかも!?

目次

1

ねこと
パリジェンヌの
㊙リラックス術

お部屋で風の音に耳を澄ます

フーッと自分の息もはっきり聞こえる
テレオフ
大好きな本も音楽Telのおしゃべりもナシ！
たとえ5分でも……
なーんにもしない……

「何もしない時間」をじっくりと味わう

私たちの暮らしは起きてから眠るまで、なんやかんやずっと忙しいですよね。朝慌ただしく支度をして職場に行き、仕事をして三食食べ、日常の家事には終わりがなく、プライベートの約束や行事ごとも巡ってくる。スマホが手放せなくなってからは、スキマ時間も気ぜわしくなってきました。

日向でまどろんでいるねこを見ると、心から羨ましいと思ってしまいます。とはいえ、私はもともと予定を詰め込むタイプで、「何もしない贅沢」なんていう言葉はずっとピンと来ていませんでした。飼いねこのチビを羨みながらも、休みには観光盛りだくさんのハードスケジュールな旅をしていつもくたくた。そんな私に「休む＝何もしない」と教えてくれたのは、フランスの人々の暮らしでした。

パリでご近所さんや友人のお宅に呼んでもらうと、居間にテレビがなくてびっくりしました。正確に言うと目立たない場所にひっそりと置いてあったり、棚に収納されて見えなかったり、存在感ほぼゼロ。驚きつつも、なるほどと感心しました。テレビがついていると楽しいですが、流れてくる情報をキャッチしようと意識がそちらに削がれます。ないと目の前の人との会話に集中できるし、客人がいない時も「とりあえずテレビ」とならず静かに過ごせるでしょう。何かをしながら別の何かをするのは、心が休まらないものです。

かくして私の部屋でテレビは脇役になりました。やがて辿りついたのが究極のリラックス法。携帯電話も音楽も全ての音をオフにして、本も閉じて、「何もしないこと」に集中するんです。パリっ子皆がそうするようにお天気の日に大きな窓を開ければ、外の音が風に乗って聞こえてきます（窓の金具のギィギィという音はまるで楽器のよう）。自分が息をする音まで聞こえてきたら、もうちゃんと休めています。5分だけでも気持ちの切り替えには効果的。すっきりした気分で、次のアクションを始められます。

マイ特等席で日向ぼっこ

冬だって！
貴重な日ざし♥
PM～夕方の強烈な西日も浴びる
ななめに差す
"安全地帯"であれば、無防備姿で日光浴♫

夏はひんやりした床に体を横たえ、冬はコタツで丸くなる。ねこって、その時その場所でいちばん気持ちいいスポットを見つけ出す天才ですよね。感度良好なレーダーのようなねこのヒゲは、空気の流れや気圧までも感じると言われています。そんな彼らの特等席は、おひさまのぽかぽか陽気が当たり、ヒゲを揺らすやさしい風が通り抜ける場所。

パリジェンヌも、まさに！　おひさまが大好物で、毎日ありつければご機嫌。だけどパリの天気は気まぐれで、おひさまはしょっちゅう雲隠れ。曇り空が続けばパリジェンヌはたちまち憂鬱に……。雲が切れて光が射したら、すぐさま外へ！日の当たる気持ちのいい場所に赴き日向ぼっこを開始します。カフェのテラス席もいいけれど、公園のベンチでもいいし、家のベランダに出るだけでもいい。好物をお腹いっぱい食べるように、めいっぱい日光浴。まるで体が欲しがる〝栄養素〟を、おひさまから吸収しているみたい？　現代人は太陽を浴

ねこが居る場所は必ず気持ちいい

びると体内で合成されるビタミンDが不足しがちだと指摘されていますが、そういうことを頭で考えるより「ここ、気持ちいい」という直感が先に来ているんじゃないかと思います。

紫外線は肌に悪いと思っていたし、積極的に日光浴をする気にはなれなかった私ですが、パリっ子につられてやってみると体がその良さを理解しました。明るさとあたたかさ、そしておひさまの匂いを浴びると体温がほんのり上昇。体の隅々までぽかぽかしてきます。ねこの日光浴には毛を殺菌して清潔に保つ目的もあるようですが、〝天日干し〟みたいなさっぱり効果は人間にもある、と実感しました。

東京でも日光浴は習慣に。家ではしょっちゅう窓際に行きおひさまを感じながら外を眺め、外出した時の休息は、公園のベンチやテラス席などできるだけおひさまの下で。日焼け止めは必ず塗るけれど、その後の肌ダメージまで気にしません。まずは〝今〟のコンディションが良くなれば満足です。

飲み物は水（迷わない！）

Bagに1本必ず
スーパーの水コーナーは、複数パックの工場出荷時のまま陳列。1個買いではビニールをひきちぎり出す方式
ビリビリ
仕事の"相棒"
おうちの食卓ではナチュラルか炭酸
その日の気分で
週末買い出し「命の水」。12本くらいなら自分で運ぶ
ダース単位
どっしりびん入りは卓上を外食みたいなムードに！
ノエル時のリミテッド・エディション、びんのデザイン。特別な日は、ペットボトルよりリッチでテンションup!

頼りは水！
カラダの中に
クリアな水を
流しこむ
パリジェンヌのマスト・ハブ、トレンチ、グレートップ、ジーンズ、バレエシューズ
&ミネラル水
A FRANÇAISE
Eau Minérale Naturelle
ねこの
安心飲料も
水♡

苦味と酸味を嫌うねこの飲み物は、決まって水。グルメなフランス人の水分補給もまた、ミネラルウォーターが基本です。多数の銘柄から自分の好みの味を見つけ、それを常飲しているという事実を知ったのは30年前のパリ旅行で。当時、日本では水と言えば水道水で、ペットボトル入りの有料の水はほとんど浸透していませんでした。高級レストランで「水は何にしますか」と銘柄を問われて戸惑い、唯一知っていたエビアンを注文しました。

パリジェンヌにとっては、水は美容ドリンクの側面もあります。有名な「コントレックス」が日本に初上陸した際のセールスコピーは「スリムウォーター」でした。スーパーモデルのダイエットの御供とも言われ、私もお取り寄せ。同梱されたパンフレットには水に含まれるマグネシウムやカルシウムなどミネラルの説明の他に、料理に向かない硬水であること、常温で飲むように、などの注意書きがあり「これって本

天然ピュアな水を飲んで心と体をすっきり保つ

当に水？」と水の概念が一変しました。
その後パリで本格的にコントレックスや他の硬水を常飲するようになり、徐々に体重減。今思うと〝デトックス〟でした。また、水メインの生活を続けると味覚が敏感になり、薄味でも確かにキャッチできるので、食事がヘルシー志向に。思えばフランス人は家庭でもお店でも、大人だけでなく子供や若者まで、食事中は水を飲んでいました。若い人たちにとってのジュースや炭酸飲料は、大人のワインやコーヒーのような位置づけ。水を基本とすれば、他の味のあるドリンクが〝ごちそう〟や〝お楽しみ〟に。水とのコントラストで味わいがいっそう深くなりますから、ワインの味に「ベリーの風味」「ウッディーな樽の余韻」など、自然とフランス人的な感想が出てきたり、コーヒーの豆やひき方の違い、オレンジジュースの鮮度にも気付けるはずです。「一杯」をとことんエンジョイする、幸せなドリンクライフになります。

グルーミングで体を整える

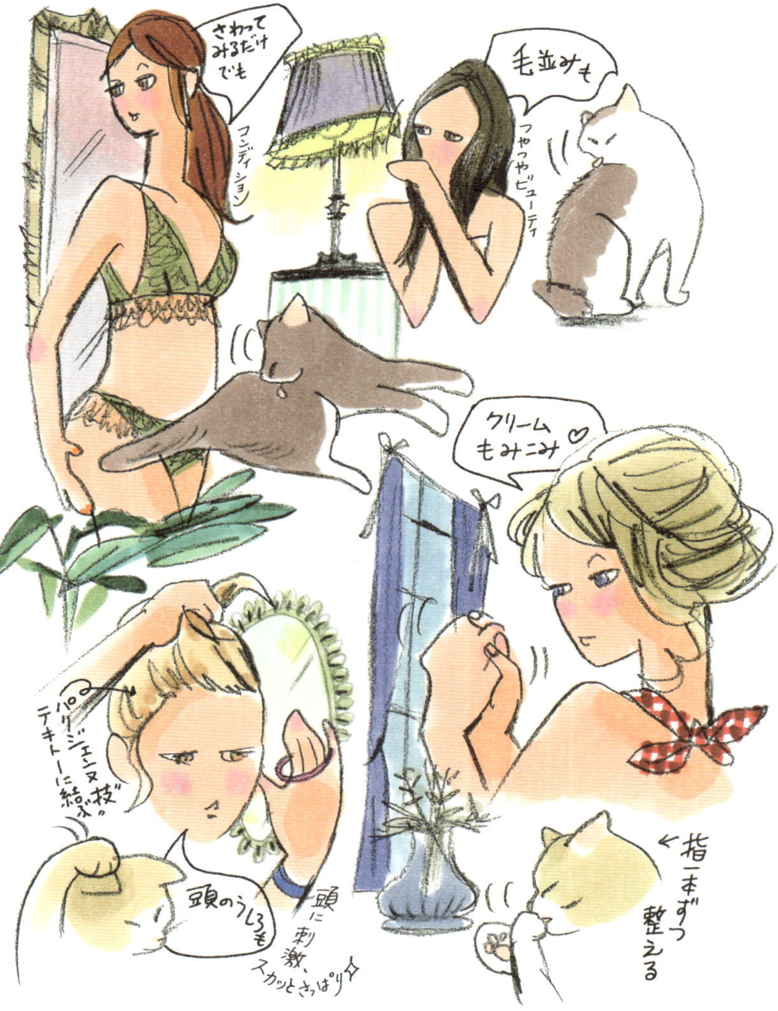

全身血色イイ
カンジ♡
足先まで
没頭タイム
ひねったり
のびたり、ヨガみたいな体勢にも。精神統一できたら
一石二鳥
ニーゆーポーズでも…
角質も
固くなると 時間も
お金もかかるし……
毎日ちょろっと!

ねこはしょっちゅう毛づくろいをしているので「きれい好き」と言われますが、単に毛をきれいに保つのが目的ではないようです。唾液の蒸発による体温調節、緊張した筋肉をほぐす効果、さらに子ねこの時に母ねこに舐められた〝快感メモリー〟を呼び起こす作用まで。美容、健康保持、リラックス、メンタルの癒し……と多面的なメリットがあるのが、ねこのグルーミングです。

パリジェンヌも〝グルーミング〟を習慣にしています。全身を、おおまかにお手入れするところがねこと似ています。「顔」に集中しがちなスキンケアですが、彼女たちは体中をまんべんなくケア。はじめに顔と体全体に化粧水をバシャバシャとつけてから手でなじませ、補強すべき部位（顔、手足、リップなど）にクリームを足すだけ。おおざっぱですが、日々欠かさないルーティンになっているから、顔だけでなく手や唇、「かかと」だっていつもしっとり。

毎日の全身タッチで見た目も健康も良好に

日本でも冬は乾燥して、肌表面がひっぱられる感じがありますよね。あれが365日続くのがパリです。だから保湿ケアはマスト。日常的に両頬を合わせるビズをしたりハグをしたりするスキンシップ社会でもあるので、人と触れ合う時にごわごわカサカサなんてありえない！という美意識もあるはず。ただパリジェンヌのグルーミングに「必要に駆られて」という雰囲気はなく、むしろルンルンと楽しそうな仕草に見えます。ねこのグルーミングと同じく、美容面以外に健康面、心理面のメリットが隠されているからかもしれません。肌をマッサージすると心が落ち着くし、しょっちゅう触っていると「今日は調子いいな」「疲れが出てるな」などが分かり、自分の体と親密になる感じがします。毎日たっぷりのローションやクリームを塗らずとも、肌に触れるだけでも効果は十分。いつでもどこでもできるセルフボディタッチなら、無理なく続けられそうですね。

軽快にスイスイ歩く

2人して、(大)歩幅、(急)歩調！おしゃべり続行
背中に自信ありげ
歩き始めたらスピーディ
音もなく さささっと！大股&しなやかウォーキング
しのび足

急いでなくても
急ピッチ
強風、
向かい風でもモノともせず
発進
コーナリングもスイスイ
わが街は
狭くてもなれっこ♡
目的地へねこまっしぐら
!?

道を歩いていたら突然「バタン」とアパルトマンの玄関が開き、人が出てきたと思ったらあっという間にコーナーを曲がり姿が消えた……。その人は確かにパリジェンヌでした。パリの街中で背中をS字にピンと反り、大股で、音も立てずスイスイと早歩きをするのは他でもない彼女たちで、旅行者ではないと見分けがつきます。

まるでファッションショーの細長いキャットウォークを歩くモデルのよう……いや、本物のキャットのよう!? 大きな歩幅とスピード、足音を立てない歩き方と、カーブを描くボディラインにあのすまし顔（というか無表情）が、オーバーラップします。街で出合ったねこも、今そこにいたと思ったら、よそ見をしているうちに消え去っていることがありますよね。移動する際は体を伸び縮みさせて、狭い路地裏や細い塀の上を軽やかにピューッと駆け抜けます。パリジェンヌもやはり、狭い道も人混みでも減速ナシです。

背筋を伸ばし胸を張って大きめの一歩を踏み出す

早足だから急いでいるとは断定できません。15分の遅れがスタンダードのゆるいパリ社会、少しの遅刻で慌てることはないのです。私がパリジェンヌの早歩きに感じたのは「移動は迅速にすませる」という態度。歩くならさっさと歩く、目的地へまっしぐらに向かうのみ！という姿勢です。ちなみに自転車も車道を猛スピードで走ります（怖いくらい速い）。

カフェでまったりと休んでいる姿とのギャップが大きいですが、何をする時も「今やるべきことや目の前の物に意識を注ぐ」という彼女たちの一貫したスタイルなのかもしれません。歩く時は歩く、休む時は休む。食べる時、誰かと会話する時もそれだけに集中する。マルチタスクで同時にあれこれやるのではなく、シングルタスクで一つずつ実行。つまりはファッションだけでなく歩き方まで潔くシンプルだったパリジェンヌ。彼女たちが颯爽と歩く印象は姿が見えなくなったあとも私の脳裏に刻まれ、何度も絵に描き起こしています。

昼と夜でモードを変える

あきらめないモード・スイッチ
夜アレンジ
昼モード
おとなしめで。夜があるし♡
同じ服でもまかせといて！
お得意、夜の自由な着くずし☆
ラメ・タイツでプラスキメ！
ビジューも夜光性!?
ナイトタイムビジュー
デイタイムビジュー
歩きやすさに重点
昼コレクション
おしゃれ度UP
夜コレクション
とびきりエレガントも狙ってる

19世紀パリの社交界では一日7、8回も着替えをしていたそうです。時代とともに回数は減り、現代パリジェンヌのドレスコードは主に昼と夜のふたつに。ふたつだって面倒なのでは？と思っていましたが、やってみると二択は簡単！　昼と夜で〝変身〟できる面白さもあります。

　自由を重んじる今のパリに厳密なルールはなく、その時その場所になじんだ服で誰より居心地の良さそうな人を「おしゃれ」とみなす文化です。だから昼っぽい、夜っぽいという直感に従えばそれで十分。昼は地味め（ナチュラル）、夜は派手め（妖艶）とざっくりとらえて、昼は日の光に映えるコットンや麻を、夜はシルクやレーヨンなど光沢感と柔らかさのある素材をチョイスすれば、服で浮く心配はありません。夜のために全身まるっと着替える必要もなし。日中の服に輝きの強いアクセサリーを足したり、化粧直しにツヤのあるマスカラや赤リップを塗れば夜モードに。ひとつの服を二倍楽

昼と夜では気分も
過ごし方も違うから

しめます。パリ暮らし当初の「ソワレ用のドレスを買わなくちゃ！」という焦りは取り越し苦労で、買い足すどころかパリに住む前と比べてワードローブは半分の量になりました。手持ちの服をヘビロテし、小物やメイクでアレンジするから、コーディネートの幅が広がります。

昼夜二つの軸は日本でも役立ちます。パリよりもずっとたくさんの服に出合える環境の中、「今の生活だと昼っぽいこっちが出番多そう」と必要なものを選び取れます。買ったのに使わずに後悔することが激減。ラグジュアリー系はたくさん持たず、アレンジ用のアクセサリーやヒールを少し揃えておけば安心。時間とお金とクローゼットに余裕が生まれます。

そして、ねこ。彼らも昼と夜でモードチェンジしますね。太陽の下ではのんびり、暗くなれば瞳を輝かせて活動的に。ねことパリジェンヌにとって一日は「二場面」。舞台装置がガラリと変わるようで、ドラマティックですね。

2

愛されるコツ？
ナチュラル＆
ワイルドな生態

ふつうでいいの

住む地域を聞けば、どこであろうと最後に「いいところよ！」と付け加えるパリジェンヌ。あるとき友人マリーが、地元を案内してくれました。メトロから地上に出るとちょっとレトロな街並みが広がり、「ＹＯＫＯに見せたいスポットを案内するね」と、緩やかな坂道を歩きます。着いたのは市民公園。いたって「ふつうの公園」ですが、高台から望む景色は特別でした。連なるグレーの屋根、ところどころ並び立つテラコッタの煙突。そのうちに太陽がだんだん傾いて空と屋根がオレンジ色に染まり……。地元っ子が愛するこの穴場スポットに、私はとても感動しました。

食も同じく「ふつう」がお気に入り。パリジェンヌは、私たちの感覚からするとごちそうではない「いつものりんご」や「市販のハム」などを、それはそれは美味しそうに食べます。私の〝ごちそう〟の概念は覆されました。

地元に誇りを持ち、活用する

地元案内の最後に、マリーおすすめのカフェでアペリティフ。計算ずくなのか、西日にビールが輝き最高のひとときでした。下町であれ中心部であれ「地元」に誇りを持ち、知り尽くして活用するパリジェンヌ。なわばりを自在に生きるねこと共通点あり。

“粗食”を美味しそうに食べる

ふつうでいいの

パリジェンヌが大判ハムをまるでステーキのごとく愛おしそうに頬張っているのを見て、食事観が変わりました。ねこが「カリカリ」を顔全体の筋肉を使って噛みしめている姿も、思わず「味見させて」と言いたくなるほど美味しそう。両者とも食後は恍惚の表情。

揺れるものが好き

女性的な飾りといえばフリル。少なくとも私は「やっぱりフリフリは気分が華やぐ！」と盛り上がってしまいます。一方のパリジェンヌは「フリフリ」より「フリンジ」。パリでフリンジを気にしながらウィンドーショッピングすると、その数の多さに感心します。ちょっと和風にも見える一束にまとめたタイプ、革を裁断したもの、布をすいて作ったものなど、大小フリンジの飾りが施されたアイテムがパリジェンヌを誘惑します。いったん惚れたらそう簡単に愛が冷めない（注・ファッションにおいて）彼女らのテッパンとなって数十年。まだまだ愛は続きそうです。

揺れるものといえば、セーヌ川のせせらぎを長時間、飽きることなく見つめる彼女たちが思い出されます。同じに見えて一瞬前とは違う、静かにたゆたう水面を目で追うと……催眠術にかかったように肩の力が抜けていくのかも。

"コレクション"は増す。
好きなモノは好き！
長〜く続くフリンジ愛

フリンジにセンサーが反応

ねこが動くものに敏感なのはご存じのとおり。ヒゲだけでなく全身を覆う毛が敏感センサーとなり、何かが揺れると即、感知。手を伸ばさずにはいられません。パリジェンヌのフリンジ愛はシンプルシックな装いのアクセントになるから？　いや理由なく好き？

趣味はウォーター・ウォッチング

愛猫チビはよく水回りに鎮座して、水流に強い関心を寄せていました。近頃SNSで同じような仕草のねこの写真や動画を見て、懐かしい気持ちに。水辺で寛ぐパリジェンヌにその姿を重ねるのはいささか強引かもしれませんが、眼差しが似ている気がします。

恋愛上手（ちょっと小悪魔）

その人を知るうちにだんだん好きになっていく恋もあれば、何も知らないままで感じる「ときめき」も逃さない。普段から野性的な「カン」を研ぎ澄まし、それに従うのがパリジェンヌ。彼に惹かれたのに理由なんてない、本能に従ったままでよ、とクールに言い切ってしまう魔性は若いうちから。10代も半ばになれば恋愛実習をスタートさせ、成功や失敗を繰り返して経験を積みます（周囲の大人は体を気遣いながら好意的に見守る）。カップルは公的な場でもプライベートでも同伴するのがスタンダードで、親しい間柄であるほど信頼の証としてウイ・ノンをはっきり、喜怒哀楽もストレートに出しますから、恋愛を通して自分自身についての理解が深まったり、相性をはかる目も養われます。過ごすうちに潮時が訪れても、それも人生の一ページ。無理せず泣いて気持ちを浄化し、次の恋をキャッチするのです。

時にはドロボウネコに

本能フィルターがお互いの社会的背景を無効化してしまった結果、不倫関係に。それに対し「そういう過ち、人間にはあるかもね」と、人間誰しもが持つ動物的本能の不思議さに触れるにとどまるフランス人。あとは当人同士のこととして、話題は終了……。

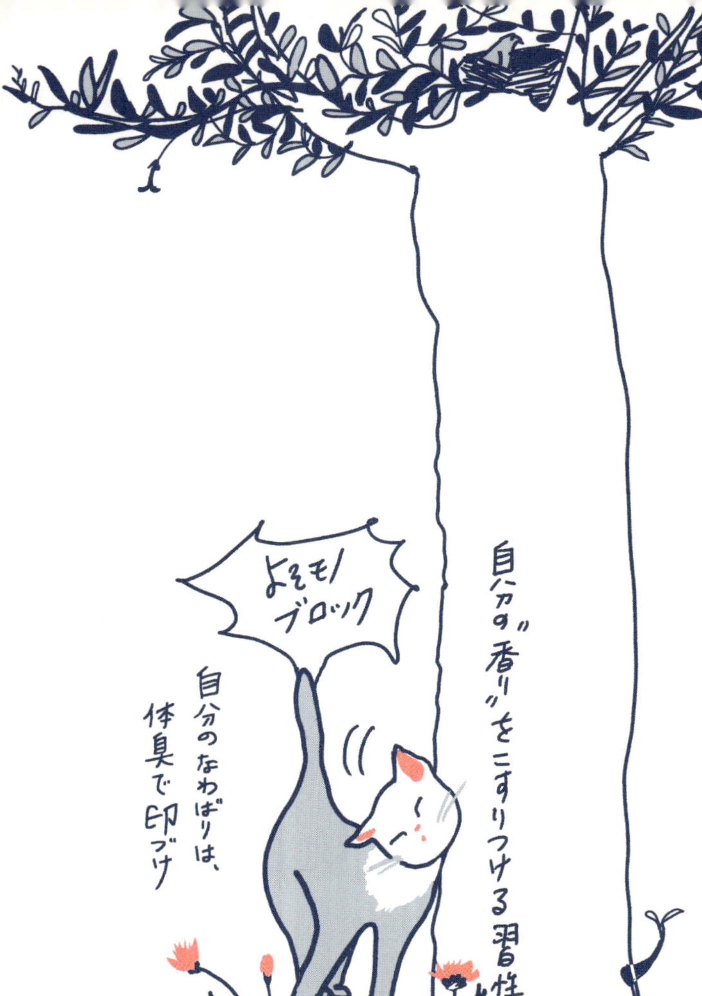

香りでマーキング

香水の都と呼ばれる南仏グラースの香水工場を訪ねた時、セールスマダムは某国のプリンセスが選んだ銘柄を勧めながら「同じ物でもあなただけの香りになるのよ」とにっこり。匂いも個性のひとつとしてしまう。さりげなく自分を印象付ける有用な方法です。

私は
姿は消したけど、
確かにそこにいたはずよ……
Original
パルファムは
体臭と化学反応、
"唯一の自分香"
となる
残り香で
存在感
自分がいた証

恋人にこそツンデレ

外ではちょっとつれなかったのに、家では何もなかったようにご機嫌。さっき甘えてきたかと思えば、もうアンニュイな表情。パリジェンヌは恋愛中も自分のお天気に素直。親しい人にこそ感情に正直なところが、飼いねこの性格に似ているなと思います。

家ではスイッチ切り替わる
みてみてー♥
Petit Chat
密着♫
ゴキゲンななあ?
BRRRR....
ハイハイ♥
どーしたの?
つれなくできない……
フニャーーゴ
スリスリ♪

生理現象はお互いさま

道を歩いていたら「チーン！」と鼻をかむ音。路上で出合うその音にはじめは耳を疑いました。日本では人前で鼻をかむのはちょっとはばかられ、鼻をすするくらいでとどめますよね。フランス人は逆にそれに違和感があるらしく、体から排出されたものは元に戻さず、出して始末する方向です。すまし顔から突如、ふわぁ〜と大あくびをするシーンも珍しくありません。鼻をかんでもあくびをしても、人間なら誰しもある生理現象なので、特別視はなくスルーされます。これも自然に抗わない生き方のひとつ？

生理現象の中で、トイレ事情は謎めいています。日本と比べ圧倒的に数が少なくて、大きなレストランでも男女合わせて一つしかなかったり、デパートでもたった一カ所だったり。頻度が少ないという説もあり。これればかりはカウントしようがありませんが。

起きたらまず、のび〜

起きてすぐ伸びをすると、寝ている間に固まった筋肉が解れ、血流循環が良好に。そんな薀蓄は知らずとも、ねこもパリジェンヌも起きたら思いきり背筋ストレッチ。活動を始めるぞ〜とスイッチオン。眠い時に目をこするような仕草、ねこもやりますね。

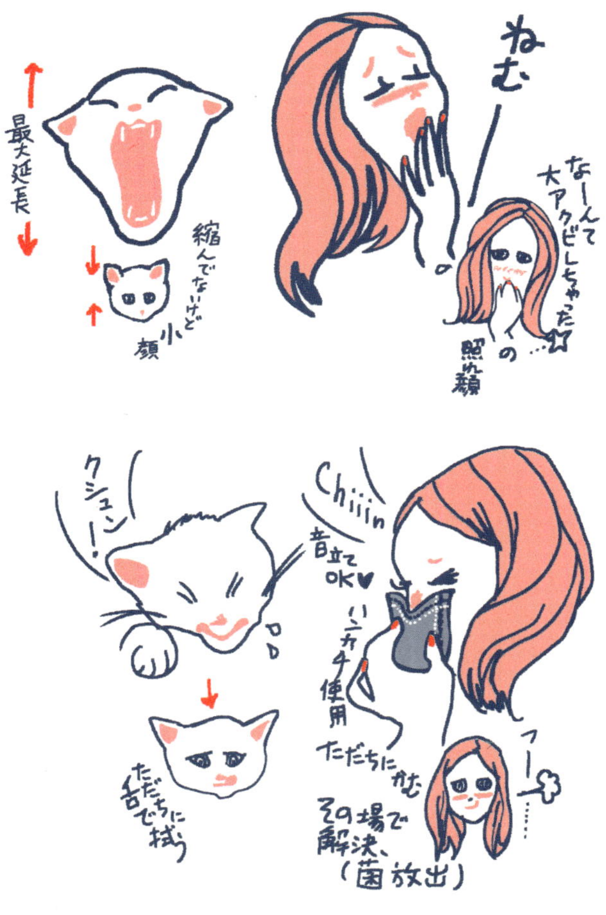

「ふぁ〜」「チーン」

突然の大あくび。照れ顔も含めた「素」の姿もまたかわいい。フランスで鼻水は「すする」ものではなく「かむ」もの。一方、ねこがよくする「くしゃみ」は、極力我慢するものらしい。

生理でツライ時は

生理や生理痛はまさに「しかたのない」こと。具合が悪ければ会社を休むこともあるし、メンタルがブルーな時は職場でも不機嫌さを隠さない。ねこみたいにいつでも横になれればいいのに。

トイレは少なめ?

大型商業施設でも1カ所だったり、席数の多い飲食店でも1つしかなかったりと、トイレが少ないパリ。人々はカフェや買い物先で利用しておく習慣があるようです。

相手との距離の取り方

パリの人々の「真顔」は一見冷たく感じますが、それは「あなたの話を聞きます」という真剣さの表れだったりします。なので、目を見て会話をすれば、心のロックは解除。親身になって応えてくれます。初対面で真顔だったのが二度目に会う時には微笑みに変わり、親しくなると頬を寄せ合う「ビズ」をする仲に。時間をかけて交流するほど互いを想う気持ちが生まれるのは人として自然で、安堵感を覚えます。

実は忘れもしない失敗が。パリ暮らしを始めた翌日、私は対面式のパン屋さんで「Bonjour」と言いながらマドモアゼルのほうを直視せずクロワッサンに目を向けました。すると彼女は見る見る不機嫌になり、口調も強めに……。あとで怒りの意味を理解しました。相手をきちんと見ないのは、軽視に近い感覚。交流のはじめの一歩は語学ではなくアイコンタクトから、ということを学びました。

一見、ミステリアス

一人でいる時、初対面の誰かと対峙した時、サービス業の接客の際も、パリジェンヌの基本の表情は「真顔」です。笑顔社会に生きる私たちからすると、クールすぎて怒っているようにも見えるけれど、特に深読みは不要。表情のまんまです。

シリアス？
んふふ…今晩のごはんのコトよ♡
ごはんのコトとなると真剣よ
何を考えているの？
微動だにせず。
ただひたすらボーーーッと…
一点集中
気取っているつもり0％
気取る時はもっといい顔！
フンッではなく
ん？
フンッかどうかは
自身にしかわからない…
見返るときの 無表情

はじめは警戒心

様々な人が集まる都会では、トラブルに巻き込まれないよう警戒心をしっかり持っておく必要があります。持ち物は肌身離さず体の一部のように扱い、人混みを歩く時は「防衛フェイス」で。イラストはややオーバーですが、パリでは気迫も大事なのです。

スキなし!
公共スペースでの警戒ルール
身のまわりの安全習慣
ただちに立ち上がれる姿勢
ピタ
Bagは必ず身体と接する。
目は離しても、肌身離さず!

大事なモノの
ガードグセ
メトロでも、狙われないBagの持ち方で!
狙われたら困る大事なトコロを尾で覆う

アイコンタクトで確認

こんにちは、ありがとう、さようなら。挨拶をする時は知人でも他人でも、必ず目を見ます。瞬時に互いを認証し、「怪しくない」という判断もできます。

なつくように人付き合い

親しくなったら男女問わずビズ。ハグと似ていて、頬と頬を左右交互に軽くくっつけます。至近距離の触れ合いで相手の体調もなんとなく伝わり、「サヴァ？＝元気？」という言葉も自然と出てきます。

軽やかなサバイバー

パリは人や物が集中する都会であり、古くて趣ある建物がたくさん残る街。他にはない良さもあれば、特有のストレスもあります。アパルトマンは〝ねこの額〟ほどの狭さだし、水回りのトラブルは日常茶飯。人混みではスリに遭わないよう、細かく区切られた街では裏道に迷い込まないよう注意も必要。そんな中を、パリジェンヌは軽やかに生き抜いていると感じます。物理的にも心理的にも「ロック」をしっかりかけることを怠らず、それでいて「解除」したらちゃんとリラックス。日常のちょっとしたトラブルで「人の手」を借りる伝統があるだけに、人間同士のイザコザは挨拶や譲り合い、助け合いなどで未然に回避。シンプルシックなファッションも、都会をサバイブするのに最適な服装なのかも？　と思えてきます。おしゃれなサバイバーは無駄な獲物を求めず、買い物も堅実傾向。ソルドでのハンティング能力は超一級です。

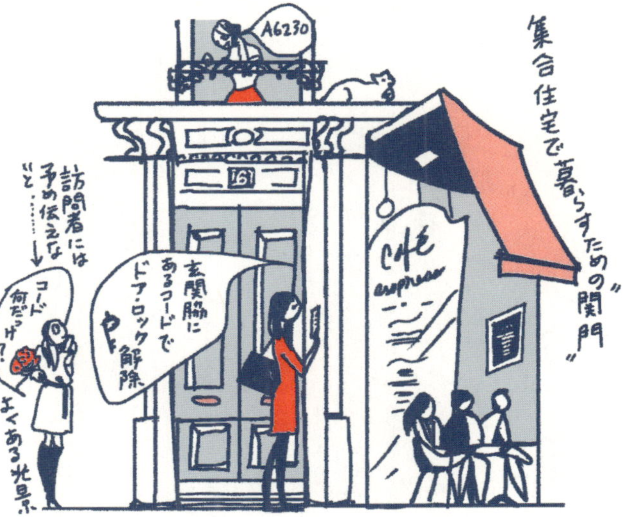

トラブル回避のスマートなマナー

街中にポツポツと現れるアパルトマンの玄関扉はコード入力によりロック解除、第一関門突破。建物内で人に会ったら、訪問者であっても必ず目を合わせて挨拶。

狙った獲物はスマートにゲット

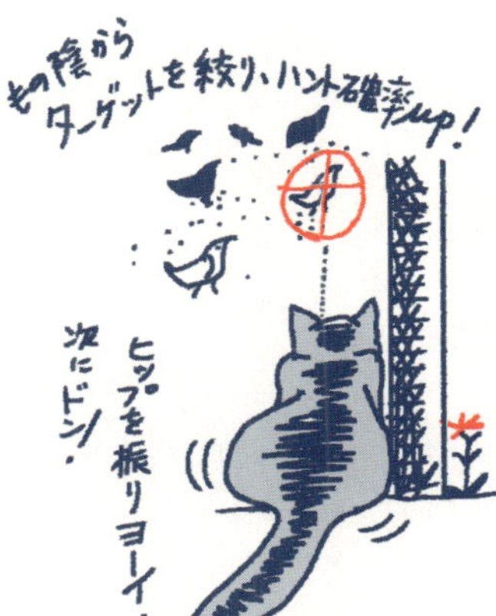

パリジェンヌは、自分にピッタリなモノが好き。夏と冬のソルドで、溢れる品々を前に黙々と冷静に品定めしている姿はまるでハンターのよう。5着を抱えて試着室に入り、4着は見送るも1着は見事にピタリ。肌身離さずレジに並び、ハンティング完了。

ちょっと
ヨコみち

人生にときめきをくれた
愛しのチビと、パリジェンヌ

出自不明の雑種ながらも
左右に均等の"前髪"が、ちょうど
目尻1/3にアイラインをもたらし、
高貴な表情に(飼い主の主観による)
キジトラ柄×白
ちょうどマッシュルーム・ヘア
性格はおとなしくおだやかで
だっこ〜
されるがまま
ムダなエネルギーは使わない
(抵抗)
脱力
1986年、バブル時代
それを良いことにベタベタし放題(*)
甘えんぼでちゅねっ
ちがう
*ねこはカマわれるのが基本苦手です
87年〜独立で別居、チビ愛倍増
94年ごろ
赤ちゃん言葉はチビが老齢になるにつれ、ヒート・アップ
甘めにバージョンUPした呼び名
ちーたん♥
ハ〜イ♥♥ だっこでちゅか?
ナ〜
×エサ要求です
人間で80才相当
念願叶い、
再び同居スタートの96年、老いてなお愛が増す
そんな溺愛を知ってか知らずか、最期は私のウデの中で
旅立ってくれました(享年19)
ミレニアム目前の99年から心に穴がぽっかりあいたようだったけれど、
本物のパリジェンヌに新たなときめきが……
旅で見ていて、既視のはずなのに未視感でいっぱい!
Déjà vu
デジャヴュ
Jamais vu
ジャメヴュ
お人形のようにクールかと思いきや
くるくる変わる顔
表情豊か
庶民的おしゃれで飾らない
カワイイ!!
ジーちがう
(チビと驚き度が一緒)
観察は続く
パリでスケッチ
コケティッシュ、世話好きetc……
別顔もりだくさん!

3

ひとり《ソロ》活動って楽しい！

カフェの"S席"でおしゃれ磨き

同じドリンクを注文しても、テラス席、室内席、カウンター席の順に値段が下がる。パリの伝統的カフェ文化では「過ごす場所」こそ重要、座席代を支払う感覚で、ドリンクはおまけのようなもの。ひとり客が最安価のカフェ（エスプレッソ）一杯で何時間いても、「どうぞどうぞ」という雰囲気です。

　なぜテラス席が最も高く、道にはみ出す最前列ほど人気なのか。それはそこが劇場で例えると「S席」で、道行く人々の個性豊かな着こなしを間近に見られるフロントロウだから（しかも日光浴をしながら）。ちょっとモードを気取って、人々が今着ている服をウォッチング。買い物欲求に火がつき、そのままブティックに行きたくなるかも。何より役立つおしゃれレッスンです。

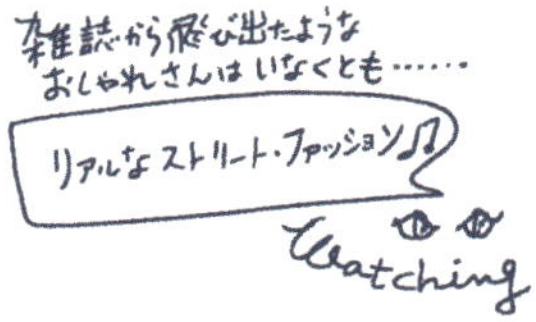

YOKO's レコメンド in Paris

カフェ・エティエンヌ・マルセル

人気ブティックが並ぶ大通りに面し、おしゃれ観察にうってつけ。

Café Etienne Marcel

64, rue Tiquetonne, 75002 Paris
http://cafe-etiennemarcel.com

Pause
Café

ランチタイムを読書タイムに

いつも職場の仲間と過ごすランチタイム、時には〝群れ〟から離れて、気ままな昼休み。フランスの本やシネマで知ったそんなスタイルに憧れつつも、なかなかできずにいた私。実際パリではそれはよくある光景でした。みんなが出かけたあとの静かなオフィスで、午前中にテイクアウトしたヘルシーめのランチを食べ、残りの時間を読書に充てるパリジェンヌ。たとえ10分でも本の世界にエスケープすれば気分転換になり、午後のモチベーションもアップします。

人目もないのでお得意の足上げポーズで超リラックス、ただし靴は履いたまま。室内靴履き文化のパリでは公共の場で靴を脱ぐのはヌードになったような恥ずかしさがあるらしく、そのラインはキープしています。

YOKO's レコメンド in Paris

グランド・エピスリー・ド・パリ
ボン・マルシェの食品館。「サラダ・パリジェンヌ」などヘルシー惣菜多数。

La Grande Epicerie de Paris
38, rue de Sèvres, 75007 Paris
www.lagrandeepicerie.com

Déjeuner au bureau

ひとり旅でひとまわり成長

ひとり旅が印象的なフレンチシネマがあります。セドリック・クラピッシュ監督『猫が行方不明』（1996年）で、若きメイクアップアーティストの主人公はひとりで海に旅します。せっかくのバカンス、一緒に行く相手（恋人）がいないからといってあきらめたりしない。だけど、留守中の飼いねこの預かり先を探すのにてんてこまい……というのが物語のはじまり。

そんな苦労をしてまで旅に出るのは、それだけの意味があるから。自宅を出て非日常の時間を過ごすのが、バカンスで心身を解放する極意。旅では想定外のことが起こるけれど、自力で解決したり誰かの親切に助けられたりして、旅が終わる頃には出かける前より少し成長もしているんですよね。

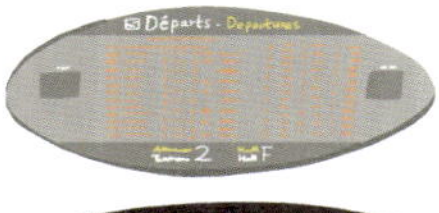

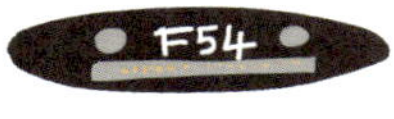

YOKO's レコメンド in Paris

パリ＝シャルル・ド・ゴール空港

各所にあるオーバル型モチーフのデザインにぐっときます。

Aéroport de Paris-Charles-de-Gaulle

95700 Roissy-en-France

http://int.parisaeroport.fr/ja/homepage

voyage
en
solitaire

シネマで心をすっぴんにする

パリでシネマ。なんだかおしゃれで大人なイメージがありませんか？　実際のフランス人の鑑賞姿は……率直に言うと「子供みたい」。それぞれがダイレクトに喜怒哀楽を表に出し、感じたままに天然リアクション。思わず「ははっ」と笑ってしまったのが自分だけだとしても、誰も気にしない。「家族の中でパパだけ大笑いしても皆知らんぷり」というのと似た感じです。映画は静かに観るものと信じていた私もその〝空気〟に押されて気持ちを緩めたら、あれよという間にスクリーンの世界に引き込まれ、感情にまかせて泣いたり笑ったり。ひとりだとより集中できて、感性に素直になれます。鑑賞後もひとりカフェで、自由に思いを巡らせて。自分自身の心に触れるひとときです。

YOKO's レコメンド in Paris

エムカドゥ・オデオン

オデオン駅すぐのシネコンは、ふらりと入って鑑賞もアリ。

MK2 Odéon

113, bd. Saint Germain / 7, rue Hautefeuille, 75006 Paris
www.mk2.com

SCREEN 1
SCREEN 2
Regarder le cinéma seule

マイペースにブックショップクルーズ

パリの街角ブックショップはいわば本のセレクトショップ。お店ごとに得意分野が違い、オーナーの意向が色濃く反映された品揃えを見比べる楽しみがあります。外のワゴンに引き寄せられ、そのまま入り口のおすすめコーナーをチェック、自分好みのジャンルの棚へと順路を進めるのがパリっ子のパターン。一番上にある閲覧用の一冊を見て、触って、デジタルでは得られない紙の感触や匂いを確かめます。彼らは紙や本棚が醸す〝書店アロマ〟の癒しを知っていて、フレグランスブランド「バレード」の「ビブリオテーク（図書館）」という香りのキャンドルも人気です。ひとりの空き時間ができたら、本屋さんへ。心ゆくまま本と接していると、セラピー効果を感じられるはず。

YOKO's レコメンド in Paris

タッシェン・ストア・パリ
ドイツの美術系出版社の直営店。本の並べ方がスタイリッシュ。

TASCHEN Store Paris
2, rue de Buci, 75006 Paris
www.taschen.com/pages/en/stores/73.store_paris.htm

LIBRAIRIE
SMOOTHIES
Faire la tournée des librairies

ライト級のひとり夜遊び

せっかく共に過ごせる夜なのに、彼ったら目を輝かせてひとり外出。「行かないで！」と幾度も止めたのに……とはわが家のねこ、チビとの思い出（笑）。パートナーを置いてまでとは言いませんが、たまにひとりで賑わう夜の街へ出かけると、自由な大人気分を満喫できます。パリで覚えたのは家で食事を終えたあとのライトな夜遊び。近所の入りやすくオープンなカフェで、たいていは赤ワインを一杯。周囲の夜遊びルックを見たり、隣の会話を聞こえないふりで聞いたり。ゆっくり飲み終えたら店を出ます。こんなに歳を重ねても、毎度「大人になった自分」を確認して、気分よく酔っちゃう。日本のように治安が良くないパリではフラついちゃダメ、しゃきっと見せる心がけがマストですが。

YOKO's レコメンド in Paris

バー・デュ・マルシェ

夜遅くまで地元っ子とツーリストで賑わうレトロなカフェ。

Bar du Marché

75, rue de Seine, 75006 Paris

http://bardumarchepalermo.com/

Seule au bar

朝カフェで一日を始めてみると

フランスではその昔、一日の食のはじまりはランチだったそう。その前に追加された食事が、現代の朝食(ランチは「déjeuner《デジュネ》」、朝食は「petit déjeuner《プチデジュネ》」)。だからなのか、フレンチ朝食には小腹満たしのおやつっぽさがあります。オレンジジュース、パン、カフェかティーの3点セットが典型で、家でも外でも同じメニューがパリの人々の習慣。

毎朝賑わっているのは、建物の一階にあり、風通しが良く開放的なカフェ。通い慣れたらカウンター席で常連を気取り〝いつもと同じメニュー〟をオーダー。朝の空気を吸い込みながらいただくとカフェもクロワッサンもとびきり美味しく感じられ、「今日も一日頑張ろう！」とエンジンがかかります。

YOKO's レコメンド in Paris

カノン・デ・ゴブラン

13区に住んでいた時に通い詰めたカフェ。道の角にあり開放的で、ムッシューの仕事ぶりが完璧でした。

Le Canon des Gobelins

25, av. des Gobelins, 75013 Paris

Petit déjeuner au comptoir
Formule
Petit Déjeuner
ā 7.50€
un jus d'orange
un croissant
ou
un pain au chocolat
ou
une tartine
un café
ou
un thé

Column 1

自分にとってのオンリーワンを見つけよう

自分にしっくりくる「マイ定番」を見つけたら、とことん継続、とことん使う。
ねこがお気に入りの「爪とぎ」をボロボロになるまで使い込むみたいに。

昼はローヒール、夜はハイヒール。昼はヘルシーメイク、夜は輝くアイライン。服装もメイクも香りも、なんと下着まで。日が暮れたらアイテムを替えて、夜のテンションを楽しみます。

パリジェンヌの朝の定番は、オレンジジュース、パン、カフェorティーの３点セット（P.78「朝カフェ」参照）。毎日でも飽きないくらいのお気に入りを見つけて、悩まない朝時間に。

ひとりの時間にこそ、気分の上がるアイテムを。誰かに見せるためではない、自分自身のための「とっておき」に囲まれると何ともいえない幸福感。本や映画も自分の「好き」を追求して。

自分にとっての
オンリーワンを見つけよう

パリジェンヌの「好きになったら一途」な気質が、「定番」を生みます（P.38「フリンジ」参照）。実用性や普遍性、甘さとクールさのバランスなどに納得しているから、長く愛せるのです。

麻のエスパドリーユやウールのストール。季節を快適かつおしゃれに過ごすためのアイテムは、年齢を重ねるほど自然素材がマッチ。

ねこのお気に入りは、揺れるねこじゃらし&ガサガサ音がたまらないレジ袋。遊びの達者さはパリジェンヌに通じるものがあります。

4

着こなしと身だしなみのヒント

カーヴィラインでフェミニン感

着方でカーヴィ
シャツのボディ・コン♡
SHIRTS
体にフィットさせる
服のカーヴィ
やわらかボディ感ネ
パリジェンヌ度100%のデコルテあきニット
ハリ感リピチピチがいいの!
JEANS
とハイライト入り
TOPS
曲線をチョイス!

服や着方でソフトな丸みを演出。
女性的な曲線がお気に入り

ねこを抱っこするとふわふわと柔らかく、ぽっちゃり感が気持ちいい。どこにも直線のない、緩やかなカーブを描くフォルムは、女性らしい「ボディ感」を封じようとしないパリジェンヌのファッションに通じるものがあります。元の体型によらず、服と着こなしで丸みを出しソフトな魅力を演出します。

直線はひとつもナイ
ボディライン
ふんわり&ぽっちゃりタッチの肉感
「クビレ」？
シルエットのカーヴィ
スリムさんならヒップ・パッド付でなおgood！
SKiRT
ヒップにギャザー
立体パーツからのカーヴィ
バストの凸とウエストの凹でメリハリの術！
クビレ
DRESS
ウエストマーク
エッフェル塔も曲線多用
"鉄のレース"
優美に映る
La tour eiffel
↑女性名詞がピッタリ

戦略的ねこかぶり服

**「仕事は仕事」と割り切って
能力UPファッションを極める**

語学学校で習った「Système D（システム・デー）」という言葉。うまく切り抜ける、自分でなんとかするという意味で、DIY的なこと以外に仕事が早い人を「彼ってシステム・デーよね」と言ったりします。世渡り上手よね〜という皮肉もあるかもしれませんが、雇用環境がシビアなパリ社会ではむしろ褒め言葉。パリジェンヌの仕事服にも当てはまります。職場に適応し、集中してうまく切り抜けるための服。割り切りが潔い！

対人力up
ユニフォーム風
きちんと、誰からも好印象
自分らしく似合わなくても♪意味がある♫
皆が期待するカワイさ
商談力up
ワンピ+カーデ
カーデを両端に広げるのがパリ・コーデ
なるべく両側に寄せて胸を張る
成猫のりりしさ
しゃん
同アイテムも公私別コーデ習慣
au bureau 職場
week-end 週末

ねこ背になってリラックス

外出先だってかまわず丸まり。
時には気を抜くことも必要

外ではいつも背筋シャン！がトレードマークのパリジェンヌが「ねこ背」になるのは、疲れを抜く時と、何かに前のめりな時。人目もはばからず丸まり、自分の世界に没入する姿に「自然体の美しさ」を見出す人々もいて、フランスのモード誌やファッション広告でもメジャーなポーズです。

夢中、熱中でねこ背中
Nekoze_chu

のらねこルックでかっこよく

わざわざボヘミアンを装う。その心は「外見より中身」

パリのモード界には、一目でファッションのプロとわかる服装の人もいれば、思わず「素直じゃないわよね」とつぶやきたくなる類の人も。ボヘミアン、パンク、不良っぽいスタイリングは一見してステイタスが特定できず、それが称賛の的に。というのは、誰もがそういう格好ができるとは限らないから。見た目で判断される可能性も否めない、ちょっと勇気がいる。そこに挑戦する人に尊敬の眼差しが向けられます。「何を着ていても、私は私」と気高いのらねこのように、胸を張ってパリを歩けたら素敵ですね。

"自信"がつく
あまのじゃくスタイリング
Inspirée de
COMPTOIR DES COTONNIERS

コントワー・デ・コトニエ

「着るとわかるかっこよさ」がパリジェンヌのツボ。シンプルさにこだわったトレンチコートはスタイリング自由自在。

ザディグ エ ヴォルテール

カシミヤにボロを施すなどのプチ・パンク精神が、こぎれいなままでは満足できないパリジェンヌの心をくすぐり、共感を呼ぶ。

エイチ・アンド・エム

大量のアイテムから自分に必要な一点を見つけるためには手間と時間が必要。パリジェンヌは試着の列と待ち時間を厭わない。

全身黒のシャ・ノワール・シック

オールブラックスタイルでとことんシックにキメてみる

全身黒毛のねこ、シャ・ノワール。神秘的で謎めいた見た目が魅力的ですよね。周囲の光線次第で複雑な黒の展開を見せるねこの毛にインスピレーションを得て、質感にこだわったオールブラックスタイルの提案です。黒髪をツヤッと輝かせて。

テオフィル・アレクサンドル・スタンラン作
『高名な「シャ・ノワール」一座近日来演』(1896年)

19世紀末、芸術家が集ったモンマルトルのキャバレーその名も「シャ・ノワール」のポスター。現地のおみやげショップでは様々なグッズに出合えます。

ふわふわねこっ毛の作り方

ふわっと柔らかく豊かに"盛る"！
元々ラフだと乱れても気にならない

パリジェンヌの無造作ヘア、髪質より環境によるところが大きいんです。乾燥気候でまとまりづらく、強風に煽られ乱れることもしばしば。でもそのバサッ、ふわっとなった髪が「触り心地良さそう」と思わせるチャームポイントにも。全体をブラッシングしたら頭を左右にぶんぶんと振り、手ぐしでラフさを出せばそれっぽく。これがパリジェンヌ流の"盛り"なのです。

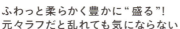

本来の1割増、顔が奥まり小顔に
ブラシ、ドライヤー etc… “道具”の力を利用しつつ最後は自分の手が頼り!
AVEDA
スカルプケア&ブラッシング
地肌もやさしく刺激、「アヴェダ」のブラシ

ねこ目ラインで魔性アイ

ヨコに長く見えるから
横顔も美人

下に向かって生えるねこのまつ毛は、
まん丸の瞳を強調

一本のラインで目もとに奥深いニュアンスが宿る

頬、口角など顔のパーツはなるべく「上がって」いるように錯覚させるのがパリジェンヌのメイク術。アイラインもキリッと上向きに。この一本の線が、くるくる変わる表情ごとに違った映え方をします。正面ではラインの大半がまぶたに隠れ、目尻側が際立ちクール。伏し目になると全体が濃く見えます。横顔の時はスーッと入った直線との対比で瞳の丸みが強調されます。ねこの横顔も似ていて、まっすぐなまつ毛が、ビー球みたいな目の立体感を強調して、吸い込まれるような目力に。パリジェンヌメイクの代表格の魔性アイライン、ぜひお試しを。

瞳を際立たせる
シャドー役、
下向きのまつ毛
伏し目にドキッ☆
黒＆茶の瞳によく合うダーク・カラー
ショコラ
モス・グリーン
ボルドー

チークにはCラインを

ほほ骨高め、
ねこの骨格
"C"が浮きたつ
(魔性系のすまし顔)

フランス人のアイドル犬No.1
ブルドッグは下がりほっぺ
独特の変顔が
愛嬌に。犬界の
"勝ち組"

**キュッと上がった頬で
端正フェイスに印象操作**

パリ流の美的評価で言えば、ファッションは遠目で見て、すらっと＆きりりと見えれば成功。メイクアップも同じく、遠目からどう見えるかがキモです。細部にこだわるより、顔全体の陰影操作で骨格をバランス良く見せようという発想。西洋女性の憧れるのは頬骨が高めの端正な顔立ちなので、ハイライトで目の周りに「Cライン」を描き、頬骨の位置を高く。肌より一段明るめのパウダーをブラシでひとはけのせます。遠くの鏡を見て１センチでも頬が高く見えれば成功です。

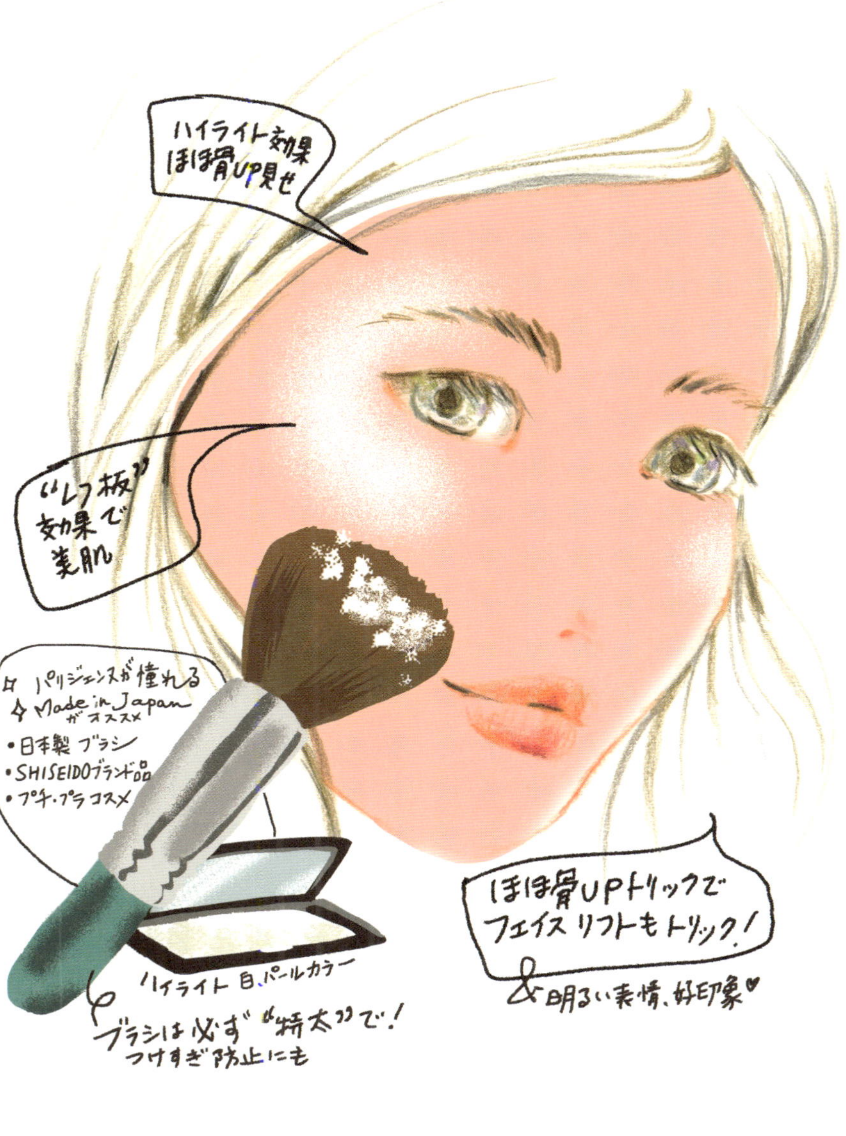
ハイライト効果
ほほ骨UP見せ
“レフ板”
効果で
美肌
☆パリジェンヌが憧れる
☆Made in Japan
がオススメ
・日本製ブラシ
・SHISEIDOブランド品
・プチ・プラコスメ
ハイライト 白、パールカラー
ブラシは必ず“極太”で！
つけすぎ防止にも
ほほ骨UPトリックで
フェイスリフトもトリック！
&明るい表情、好印象♥

キュンとする桜色リップ

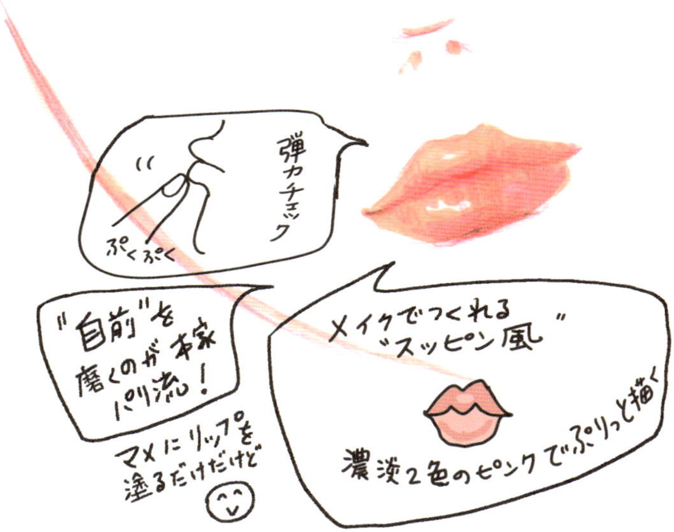

ねこの「隠れ唇」がお手本。
ぷりっとすっぴん風リップ

口周りが白い毛のねこを飼っていた方なら、上向きになったときに現れる「ピンクの唇」をご存じのはず。私は愛猫チビのこの桜色リップにメロメロでした。ちょっと強引かもしれませんが、私の目にはパリジェンヌのすっぴん風リップと重なります。フレンチの食事作法からして唇をぬぐう機会が多い彼女たち、ルージュの塗り直しが忙しくなるので、自前の唇の色と差のない「すっぴん風」が実は一番身近なリップカラー。土台となるリップの保湿ケアは彼女たちにとって365日欠かせない習慣です。

上空に
"飛行体"
ただちに上向き!!
上向くと現れる
ツヤツヤピンクの
クチビル
ふだんは見えない
唇のつもりはニャイ…
けど、そー見えるかも!!
Avène
Cold Cream
「アベンヌ」で
ねこリップみたいな
うるおいをチャージ
Avène
南フランス温泉水の恵み♡

魔性のささやきボイス

“ねこなで”ウィスパーボイスは鼻を使った発音がポイント

パリジェンヌってハキハキしているけれど、大声じゃない。フランス語には日本語にはない「鼻母音」と喉を使う「r」があり、これら鼻と喉を使う発音は音量を上げにくいので（鼻声で叫べないように）、おのずとフレーズに抑制が。そしてあの鼻に抜ける甘い声色がフランス語独特のリズムに乗ると、まさにシャンソンの雰囲気に。かくいう私は音量大きめ。フランス人の耳には「カ行」と「ガ行」が強く感じるみたい。「カ」は勢いを抑え「キャ」に近づけ、「ガ」は鼻濁音「ンガ」と優しく発音すれば……“魔性ボイス”へと小さく一歩踏み出した感？

音楽もささやき系、
シャウトはナシで♪
鼻母音
ソフトな
♪BON BON
Bacabon♪「カ」
ex:
café
カフェッ
↓
キャフェ
Clémentine
仏歌手、クレモンティーヌの
カバーでささやき系となった
「天才バカボン」
欧州みかん猫
Clémentine
Carla Bruni
イタリア出身のカーラ・ブルーニ。
スーパーモデルから
ミュージシャンに転身、
フランス大統領（当時）
夫人となる！
ハスキー・ボイスで人気♪
アルバム
「フレンチ・タッチ」

例外
さかりの時の
叫び&ケンカ
ニナ～～～オ
ギャンッギャン
おもに彼とのケンカ
どーいうコト？
説明してっ
音量MAX!!
Merde!!
汚い言葉に
Rが入っているが
このケースでは影響ナシ
感情が勝り
笑

目指せ肉球、ふっくらハンドケア

パリはハンドクリーム天国！
一年中ケアで自分も心地いい手

真冬のパリ、コートのポケットに手を入れ街を歩いていたらスキンケアショップの店先に立つマドモアゼルから「ハンドケアはいかが？」のお誘い。暖かい店内でクリームを塗ってもらうと、「皮厚」の硬い私の手と、「肉厚」の柔らかい彼女の手のコントラストを感じずにはいられませんでした。聞けばシェイク・ハンド社会に生きるパリジェンヌは、手の感触に気を遣って年中ケアしているそう。ねこのふっくら肉球を思い出した私。あの魔性の肉球みたいに“つい触りたくなるような手”を目指してケアしています。

シャワーのメリット

バスタイムをシャワーで時短。
浮いた時間は食事タイムに割く

「日本のバスタイムはゴージャスすぎたかもしれない」と、パリのバスルームで思いました。東京のわが家が豪華なのではなく、お風呂での過ごし方が充実していたなぁと。ゆっくり湯船に浸かり、体を芯からぽかぽかにして疲れをとるなんてことは、パリでは不可能。目の前にあるのは洗い場のない西洋式バスだし、これでやっていくほかなく、シャワーメインの生活にトライ。お湯と泡で汚れを落とすだけなのであっという間に終わり、時間に余裕ができます。ある時ふと、フランス人はこの浮いた時間をディナーに充てているんだ、と気付きました。夜の食事はフランス人にとって一日のメインイベントで、家族や気の置けない仲間、恋人と一緒なら２〜３時間でも足りないほど。なるほどこういう夜の時間割もあるのです。ここのところ人気のシャワージェルは、汚れを落とすほか保湿効果と香りもしっかりする３in１機能。香りを残してこそパリジェンヌ、ですね！

バスタブナシ物件でも問題ナシ
めずらしくない
シャワー流水切り替えにこだわり
バスタイムをショートカット
万能シャワージェル
その分の
ディナータイムをオーバーめに
タオルドライも"ささっ"と！
バスローブを無造作に
外食なら、おめかししてGO!

Column 2

シネマ『アメリ』に見るフレンチシックな幸せ術

2001年に公開され日仏で大ヒットした『アメリ』は、パリの下町モンマルトルが舞台。全篇に、フランス流の「暮らしを楽しむ術」がちりばめられています。

幸せ術1

自分の「好き」の声に素直

ねこの「ロドリーグ」と寛ぐアメリのプライベート空間には、動物モチーフの絵画や家具など彼女の趣味が詰まっています。家でのひとり時間も、着替えたり、ヘアアレンジを変えたりおしゃれを楽しんでいます。

ジャン＝ピエール・ジュネ監督
『アメリ』(2001年　フランス)

孤独だったアメリは人の幸せのお手伝い（おせっかい？）に喜びを見出し、やがて自分の幸せと向き合う。公開時のポスターのキャッチコピーは「幸せになる」でした。フレンチ女優オドレイ・トトゥの出世作。

幸せ術2

ひとりでも誰かとでも、食べることは喜び

アメリが食べるのは、フランスの国民食と呼べるようなクラシックな定番メニューばかり。その「味わい方」が、なんとも美味しそう！　硬いクッキーを飲み物にひたして柔らか食感にするのもフランス的です。

幸せ術3

ひとり時間も楽しい

ひとたび外に出れば、通い慣れたいつもの道にもたくさんの「小さな楽しみ」が。アメリにとって「ひとりきり」は、「自分だけのお楽しみ」と同じ意味。ちょっと秘密めいた、心がうきうきする時間なのです。

幸せ術4

マイペースな
社会との関わり

職場やご近所さんなど周囲の人々と友好関係を保つアメリ。風変わりな人、頑固な人とも物怖じせずに、ある時は事務的対応で、ある時はおせっかいで関わります。下町の人間関係をスイスイ泳いでいるよう。

5

食事と生活のヒント

食事も「見た目が9割」

**手間をかけないシンプルレシピでも
見た目効果で美味しさアップ**

フランス料理はその歴史の中で、味だけでなく見た目も磨かれてきました。定番メニューを「盛りつけ＝アレンジ」で美しく見せる伝統は家庭料理にも。サラダ、パスタ、ステーキ＆ポテト、サーモンのソテーといったふつうの料理が、お皿の上でたちまちごちそうに（それはまるで定番の服をおしゃれに着こなすがごとく！）。コツは、お皿の大きさに対して盛る分量をこぢんまりさせることと、キャンバスに絵を描くみたいに丁寧にのせること。手抜きした日でも十分満たされますよ。買ってきたお惣菜でも！

盛りつけのみ
ひと皿入魂☆
“目で食べる”文化。
インスタ映えの先駆者?!
本日
「ショートパスタの
ミートソース」only
ワンプレート
はじめのひと口の前に見つめる時間♪

丸，スラッシュ，
クラウン etc…
YOKO'S フレンチ盛り
エンジョイ 例

フランスの美食家はねこ舌？

味覚センサーを働かせるため「ぬるめ」料理で舌を守る

ラーメンは熱々をフーフーして「のびないうちに」食べるのが美味しいですよね。フランス人にも「RAMEN」は人気ですが、「のびてから」そっと口へ運び、噛んで食べます。この食べ方こそフランス式。彼らは全般的にねこ舌で、それは体質というより味覚保護のためのよう。熱々や激辛の刺激物などで味覚が麻痺した経験はありませんか？水をたくさん飲んで時間をおかないと元通りになりませんよね。味覚センサーを常に良好にするための適温は、ぬるめ温度。舌の温度と大差ないからか、味が濃く、香りが際立って感じられます。

なぜにシンプルスープで至福顔？
"スープを食べる"フランス人♫
スープをごちそうにするヒミツ
舌の上にのせて味わうの。すすって一気にノドへ送っちゃわないように…
味がわかんない!!
"愛食家"国民にあってはならない舌のヤケド
SHOCK!!!

ケミカルは最後の手段

**まず頼るのは食べ物の栄養素
ナチュラル食が野性の力を呼び覚ます**

パリでお通じに困った時、パリ在住30年の友人Ｓさんに「薬品名を教えて」とSOSを出すと、「薬？　それは知らないけどコントレックスは試した？」との返事。居合わせたＹさんも「ぜひエパー（HÉPAR）を試してみて」と、こちらもミネラルウォーターです。どちらもマグネシウムたっぷりの硬水で、飲んでみると無事解消。また別の時、風邪をひいて街角の薬局に行ったら「水をたくさん飲みなさい」と指導されました。ケミカルに依存せず、まず日常的に口にする食品の栄養に頼る。それでもダメなら薬に頼るというスタンスなんです。以来私も心得ていますが、「今食べたい」と体が感じるものにその時に必要な栄養素が入っている気が。野性のカンがヒットすると、体も気分も快調に回ります。

NATURELLES
引っぱりダコ
デイリー・ナチュラル
カラダSOSは水で
もっとも身近なエナジードリンク
カゼもベンピも肌不調も！
*から試す♡
カゼにゴクゴク、デトックス！
美肌に高ミネラル
ベンピに高マグネシウム
（ダイエットにも）
野性でナチュラルをかぎわける！
・ミネラル・カルシウム・マグネシウム＝美肌、疲労回復、お通じ、デトックス他
ダイエットはサラダで
主食
低糖質
逆転レシピ、パンは副菜のおかず
メガ盛りサラダ1日1回
食物繊維＝美肌、お通じ
能率UPはショコラで
脳のキリカエ
ひとかけよ♡
ショコラはサプリ
糖分＝脳への（唯一の）栄養素
お肌の栄養、フルーツで
カジュアルに摂るビタミン源
通年から旬まで
パリ流ファストフード！
丸ごとガブリで時短食
りんごかバナナ！
ビタミン＝美肌
パワーはお肉で
2大愛され肉
脂肪10％以下
しっかり赤身をガッツリ
200g
ももより人気
とりムネ肉皮ナシ
高たんぱく＝筋力up
マイペースなハートをキープ。
赤ワイン＆ナッツ
ナッツ類
少量をマメにとる
（チーズ、サラダ、おつまみ等）
ピーカンナッツ
ピスタチオ
ポリフェノール＝血流スムーズ
エイジングケアはオレンジ食材で
スモーク・サーモン
サーモン・ステーキ
えび
いくら
アスタキサンチン＝肌ダメージ予防

バルコンを大いに活用

都会でのびのびと過ごすコツ？
見ても見られても、気にしない

アパルトマンがひしめくパリ、お隣もお向かいも距離近すぎ！　それでも人々はバルコン（ベランダ）で寛ぎます。朝は伸びをしつつ空を見上げ、夕方にはチェアに座りワインを傾ける……。私も天気の良い朝にバルコンで朝食を摂っていたら、カフェを片手にお出ましのお隣さんと目が合い「Bonjour」と挨拶。彼女と同居する白ねこもバルコン常連で、アイコンタクトを交わす仲でした。

満喫の
達人猫
今いる環境で過不足ナシ！
バルコンあるなら満喫すべし、
の パリ流で

アペロタイムに友情セラピー

まるで「大人の放課後」のよう！
夜が来る前、束の間の友情タイム

夕方6時半、お腹減ったし夕飯にするかな……と賑わう店内を見ると誰も食事をしていない。看板には「ハッピーアワー」の文字。お安く飲める時間帯に地元っ子が集い、アルコールか炭酸飲料で「アペリティフ」を満喫していたのでした。略してアペロ、直訳すると食前酒ですが、私たちの文化で「お茶する」感覚に近く、親しい人と１〜2時間、お酒を一杯飲み会話を楽しみます。さくっと解散し、8時半頃からのディナーは別々に過ごします。大人になると「今度」と交わした約束が流れがちですが、この気軽さならすぐ会えますね。

他愛ない話でも、スマホでできないふれあい重んじ和んでいる

シックなラッピングでぬくもりを贈る

ギフト・ラッピング担当マドモアゼルがゼンゼン違う包み方で!
パリのセレクトショップ

ギフトのニーズ想定、あらかじめのパッケージングがモダン
パリのショコラティエ

外側キュッと小さく、中身ギッシリのコンパクト
左と同じショコラティエ

アイテムはシンプル、包装はシック。「地に足の着いた格上げ」がとっても粋

12月、パリのお店はギフトムード一色。自然と自分の物ではなく誰かに贈る物を探してしまいます。ギフトシーズンでなくても、会計時に「ギフトですか」と問われるのはパリのお店ではお決まりですね。ラッピングは贈る相手へのおもてなしのようなもの。たとえプチプラでも一つずつ時間をかけて仕上げます。華美にはせず、コンパクトにまとめるのがパリのスタイル。プチからグランまで価格問わず「美しさの格上げ」を施すのがパリ流。ラッピングだけでなく元々のラベルや箱にもその精神が反映されています。

ショコラティエ、J・P エヴァンはパッケージも抜きん出て端正なパリ・シック。東京ではブーケを添え、ギフトに

ノエル・ギフトは子供たちが主役
幼くしてグッド・センスのラッピングを評価
キレイ!!
日本の年末、床の間に積まれたお歳暮と似てる……

ねこ版 ギフトシーン・わが家のチビの場合
外出フリーの若年期
温厚な性格は一変、野獣と化す。
〝家族〟へ狩りのおみやげお持ち帰り
息荒い
瀕死のヤモリ

6

パリジェンヌ的リラックスシックな週末

スマホいらずのウィークエンド
～ノン・プランで過ごすプライベートタイム～
金よう日！今日は〝群れない〟
ひとりフライデーナイト☆
ヤレヤレ〜一週間働いたわ〜
赤ルージュで夜気分に
空はあかね色。ハッピーアワーのCafé へGO！……
ムッシュウに聞いてラクするオーダー
Bonjour madame
グラス白？
シャルドネ、サンセール、シャブリ、ミュスカデ
Ben… じゃ、シャルドネで
今だったら辛口のシャルドネがオススメだよ♪
スマホはしまって……
・アペロ・
・まったり・
大勢の中、ひとりのだいご味
ザワザワ BGM♫
とはいえ、心はOPEN！
おとなりとの会話もアリ
近所なんだ？
そ、となり駅
さくっとしゃべってさくっと
・帰宅・
19時
ドアコード PUSH!
Bi〜♫
・ひとくちめ・
さてさて脳内ひとり遊び♫
〝労働〟のあとの冷えた辛口は格別〜
1 VERRE DE CHARDONNAY 5.00€

・おうちDINERスタート・
冷凍バゲット2通り仕上げ
❶3cm幅、きり吹きし軽く焼く
❷5mm輪切り しっかりトースト
❷をon、ふやかし食べ
・メイン・ チャチャッと冷凍もの中心
・前菜・
カリッとトーストに生ハムON（バスク産）
ガス入りウォーター
夜用のシックなグラス
外カリ、中ふんわり
カリカリラスク風
作りおき「ピストゥー」、ベランダバジルの香り
（仏版ミネストローネ、野菜とベーコンの炒め煮スープ）
・デザート・
バニラアイス
シナモンパウダーふりかけ
安眠の・ハーブティー・
・夜の着がえ・
ニュイゼットとルーム・シューズ
家では大人カワイイ
飼いねこプチ
もこもこ♥
・歯みがき・
進化型ブラシでやさしくブラッシング
・メイクオフ・
パリジェンヌ流 ローション→水で拭きとり
保湿しっかりしみこませて……
プチもゴシゴシ
・おやすみ前のブラッシング・
頭皮もブラシでマッサージ
push
・シメのお水・
きれいなグラスとお水
・ベッドへ――・

目覚め
もう朝8時。休日だし、ゆっくり寝ていたいけど……
カーテンの向こうに光が!!
起床
お天気なのにもったいない!!
お水
おっと、プチも水よね!!
フニャ～
朝の服
シャツをローブがわりにオン!

・窓を開ける・
ふわっ…
パリっ子の朝ルーティン
風もきもちいい♪
外に行かなきゃもったいない
とその前に
ささっとローションと日焼けどめ
・近所用仕度・
+デニム
バレリーヌ
拡大鏡で即チェック☆
5分で終了
au Café
こんな日は外に限るわ～
・朝カフェ・
光と風が通り抜けるカンジ？
肌と鼻を
ボンジュームッシュー
いい天気ね～
ボンジューマダーム
Oui！今日は忙しいよ
・タルティーヌ・
バターとジャムをたっぷりキレイに塗って
いただきます
・朝食・
1 TARTINE 1.90€
1 CAFÉ EXPRESS 2.60€
（EAU GRATUITE 0€）
TOTAL 4.50€
・着がえ・
ちょっとだけドレス・アップ
リップひと塗り♪
ニットワンピ。
・帰宅・
ささっとシャワー
まどろみ中

BUS
METRO
外出
バッグの中
サングラス
ペン
メモ
パス
PASS
現金少し
CARD
キャッシュカード
水
リップ、ハンドクリーム
スマホ（着信のみ）
ECO
エコBag
小説
路線図見つつも計画しない
休日だからぶらり気ままに脳も休日♥
地下のメトロより路上のバスで
バス乗車
フロリスト、クールなカンジ
めくるめく車窓の世界……
お花咲き始めてる
マルシェ帰りかな
内装工事？何の店だろ
LOVE
停留所
ベビーカー押してるのはママ？シッターさん？
混んできた

・席をゆずる・
マダム、どーぞ
Merci！
・着席見届ける・
にっこり
・景色 立ち見・
急停止！
ゴツン
PARDON！
からビビビと恋に発展
するかしないかはフィーリング次第
ゼロパーセントでないのね〜
今回は何事もなく円満に終了
・バス運行、乗車続く・
BRRRR……
ん？
だんだんにぎやかになってきた！
・降車地決定・
ワイワイ
楽しそう……
次で降りよう

・目的なく歩く・
知ってるような知らないような……
テレビ？本？
きっと何かで見てるのね
ま、でもブラブラ歩きは初。
エトランジェみたいよ♪
GALERIE
ギャラリー。現代アートが専門みたい!!
シューズSHOP、職人さんのワークスペースが奥に
こぢんまりした店構えの専門店が並んでる！
こーゆーお店、掘り出しモノがあるのよね～
"見がい"アリそう
メラメラショッピング熱
・フランス人のショッピング・
ウィンドーショッピング90%!!
フランス語で「ウィンドーをなめる」
っていうけど言い得て妙☆
早い話、自分の目で市場調査♥
自分の足を使ったリサーチが好き♥
・専門店エリアを見て歩く・
ぐー
・ランチ・
スーパーモノプリ発見！
(イートインスペース)
外向き席に運良く座れた
カットマンゴー
マフィン
「サラダ・イタリアン」
ルッコラ、トマト、ペンネ
チーズ、生ハム
1 MANGUE EN MORCEAUX 3.50€
1 SALADE ITALIENNE 4.30€
1 MUFFIN CHOCOLAT 2.20€
TOTAL 10.00€
お水をグビッと
・ぶらぶら再開・
チェーン店が立ち並ぶ大通りへ
・愛用コスメチェーン・
SEPHORA
サイトでcheckしたアイラインを♡

・コスメお試し・
のせると色味が変わる……
EYELINER
・迷う・
今日は保留にする
ビミョーな色とテクスチャー。
肌にのせて発色テスト★
そうだ、フェイスマスクを切らしてた
ボンジュー、マダム、何かお探し？
今絶賛売出し中のシリーズはいかが？
SEPHORA
フェイスマスクは目的別に
パール＝美白
らん＝アンチ・エイジ
ザクロ＝エナジー
アボカド＝リペア
etc……他の部位も
アロエ＝ハンドマスク
アーモンド＝フットマスク
すてき！
ラブリー、ときめくバリエーション♥
…なだけに迷う〜
友人ソフィ
つかれてるのよ
ソフィへのギフトにしよう！
ふたつ渡そ♥
海藻デトックス
2×MASQUE VISAGE 3.95×2
TOTAL 7.90€
・再びショッピング《ウィンドー》・
香ばしい匂いに誘われ……
プチ・マルシェに出会う……
（週末市場）
香ばしさはローストチキンだったのね♪
・青果店・
丸々してツヤツヤのベリー!!
味見もマルシェの名物
C'est bon!
んーでもまだブラブラするし
荷物にならないりんごをひとつ
食べちゃえば身軽♥

じきに店じまいだからオマケさ！
Merci!! ムッシュウ、今日はいい日になったワ
1 POMME 0.70€
(1 PRIME)
TOTAL 0.70€
公園へ
ベンチで休憩 りんご＆読書
熱中してたら
日が暮れる
cinema
夫婦かカップルかわからないけど2人でシネマ？
私もシネマ……でも今日は"外"が気分！
交わすあいさつ
Salut
二人とも夜遊びルック！
歩く
ランデヴーの時間ね
肌寒い……
JK全留め
夜カフェ キャンドル点火
歩き進む
週末のにぎわいは生《ナマ》シネマ
もりあがってる
ほわっと照明のなか、ホットなカップル

見物すれば、シネマみたいに流れるシーン
・クレープ屋台・
焼けるのを待つ若者たち
ハラペコ
ん、でも私も食べよっ（公＆チーズ）
ボリューミー
・スタンディング・ジェラートShop・
マダムのジェラート、バラの形だ！
デザートに食べちゃお！（キャラメル味）
1 CRÊPE 4.50€
1 GELATO 3€
TOTAL 7.50€
・街角ミュージシャン・
MODE・HOMME
みんなノリノリ♫お店クローズのそのあとは昼と別の活気
閉店後のお楽しみ♪
この道の街灯って、こんなにキラキラしてたんだ……
・帰り道・
・お礼・
ウキウキ代！ワンコイン
À LA MUSIQUE 1€
・帰宅・
明日も休日、ノン・プランでいこーっと♫
Bonne nuit☆
入れ替わり
ネコはこれからブラブラ

この本はいかがでしたか？

心、体、アタマ、手、目……。
なんでもいいんです。あなたの体のどこかが動いたら、
ねこ＆パリジェンヌ流生き方の始まり。

その動きは自然の流れに寄り添ったもので、無理がないため、
等身大の幸せを噛み締められることと思います。
小さくても幸せは幸せ。あなたに宿った幸福感は、
誰かの関心を呼び寄せます。そしていつしか周囲に伝染していく。
それが理想のイメージ。でも、理想通りパーフェクトにいかないこと
があることも、〝パリ流〟では想定済み。
行き詰まったときには呼吸を整え、おひさまパワーを浴びましょう！
生きていれば不安や焦りはつきものだけれど、
毎日お洗濯するように少しずつ洗い流せるはず。
揉まれた分、きのうより今日の方がたくましいのです。

そう、ねこやパリジェンヌみたいに生きていれば！

本書の企画から実現までの長い道のりで迷走する私を、道をはずさぬようフルに支えてくださった編集の梅崎涼子さんに心からの感謝を申し上げます。ときめくブックデザインをしていただいたアートディレクターの那須彩子さんに厚くお礼を申し上げます。おふたりのおかげでこの一冊になりました。

そして本書を読んでくださったみなさま、ありがとうございました。

お手紙やSNSでエールをくださったみなさまに、ビズを。

米澤よう子

最後に……天国のチビにも、ありがとう！

19年間、愛を込めた観察が実を結びました。

米澤よう子 Yoko Yonezawa

東京都生まれ。女子美術短期大学卒業。グラフィックデザイナーとして広告制作会社に勤務後、1993年にイラストレーターとして独立。商品パッケージや広告ビジュアル、雑誌や書籍のイラストレーションを手がける。2004年から2008年はパリを拠点に活動、高級百貨店ボン・マルシェでの個展は現地で高く評価された。現在は東京に暮らしつつ、年に一度のペースでパリのアパルトマンに滞在。「アニエスベー」「コントワー・デ・コトニエ」「アガタ パリ」などフレンチブランドとのコラボレーションや、ジェイアール名古屋タカシマヤ「フランス展」のキービジュアルを手がけるなど幅広く活躍中。代表著作に『パリ流 おしゃれアレンジ！』シリーズ（KADOKAWA）、近著に『おしゃれのパリ流アップデート』（大和書房）がある。

HP www.paniette.com
Twitter @YokoYonezawa
Instagram @yoko_yonezawa

ブックデザイン　那須彩子（苺デザイン）

ねことパリジェンヌに学《まな》ぶ
リラックスシックな生《い》き方《かた》

2018年1月10日　第1刷発行

著者　米澤《よねざわ》よう子《こ》

発行者　井上敬子

発行所　株式会社文藝春秋
〒102-8008　東京都千代田区紀尾井町3-23
☎ 03-3265-1211

印刷・製本　図書印刷

ISBN978-4-16-390781-9
Printed in JAPAN

好評既刊

パリジェンヌ流おしゃれライフ
いつもの世界が輝きはじめる36の方法

定価1200円（税抜）

着るもの、食べるもの、お部屋の中……
パリ流アレンジで、暮らしまでおしゃれに。

パリジェンヌ流シンプル食ライフ
体も心も暮らしも心地よくする美習慣

定価1300円（税抜）

パリジェンヌのように作って、食べて、暮らして
スリム＆ヘルシーに。フレンチ・レシピ付き。